ANDRÉ LEROY

ET

SES PÉPINIÈRES

PAR

LE Dr A. LACHÈSE

Président de la Société d'Agriculture, Sciences et Arts d'Angers.

<center>~~~~~~~~</center>

ANGERS

IMPRIMERIE P. LACHÈSE, BELLEUVRE ET DOLBEAU
13, Chaussée Saint-Pierre, 13.

—

1876

ANDRÉ LEROY

ET

SES PÉPINIÈRES

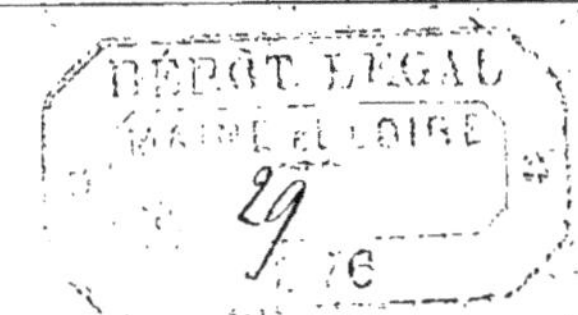

Messieurs,

Comme votre Président, je dois payer un tribut d'hommages et de regrets à la mémoire de l'un des plus anciens membres de notre Société, qui a porté dans toutes les parties du monde, avec une savante et charmante industrie, le nom de notre cher et bienfaisant Anjou ; et ce devoir, je le remplis avec un empressement d'autant plus cordial, qu'en vous rappelant la vie si utile, si laborieuse d'André Leroy, j'ai à vous parler d'un homme qui, pendant plus de soixante ans, fut mon camarade et mon ami.

André Leroy est né à Angers le 30 août 1801. Il ne pouvait choisir pour naître un jour de meilleur augure, car c'est celui où, dans tout le monde chrétien, on fête saint Fiacre, le patron des jardiniers.

Son père, pépiniériste et fils d'un pépiniériste, demeurait dès lors rue Châteaugontier, dans cette maison qu'André Leroy n'a jamais quittée, et, comme il ne s'occupait pas de plantations d'arbres, il ne cultivait guère qu'un hectare de terre en y comprenant ce qui forme aujourd'hui la cour de l'établissement.

En 1808, Leroy entra au Lycée comme externe, en même temps que moi, et suivit assidûment les cours jusqu'en 1816, époque à laquelle il en sortit pour étudier pratiquement le jardinage avec sa mère, qui, devenue veuve, avait pris la direction de la maison.

En 1819, André Leroy partait pour Paris plein d'ardeur et de zèle. M. Janin, instituteur à Cheffes et oncle de Leroy, demanda pour son neveu, à M. Pilastre, ancien député et ancien maire d'Angers, qui faisait alors de l'agriculture en grand dans sa charmante terre de Soudon, une lettre de recommandation à l'adresse du vénérable professeur André Thouin, avec lequel il savait M. Pilastre intimement lié. M. Pilastre donna cette lettre, et, en ouvrant à notre jeune horticulteur les portes du Jardin des Plantes de Paris, il lui rendit le plus inappréciable service, car il commença sa fortune en le mettant à même d'entendre chaque jour les plus doctes enseignements sur l'horticulture et d'étudier les arbres et les plantes dans les plus vastes et les plus riches collections. M. Thouin accueillit Leroy avec une extrême bienveillance et le présenta à son frère, chef des cultures et à Oscar Leclerc, aide naturaliste.

André Thouin, dont le père était employé au jardin du Roi sous Louis XV, s'était livré, dès sa plus tendre jeunesse, à l'étude de la botanique. En 1764, il avait été nommé jardinier en chef et, en 1786, membre de l'Académie des Sciences. Par ses soins, le jardin prit de nouveaux accroissements et, à sa sollicitation, on fonda une chaire de culture pratique, premier cours de ce genre qui ait été créé en France. En même temps qu'il le professait, Buffon, Lacépède, Daubenton, Cuvier, travaillaient près de lui à leurs immortels ouvrages sur l'histoire naturelle.

Le chef des cultures, que tout le monde connaissait sous le nom de frère Jean, était le type le plus curieux, le plus original du maître jardinier. En toutes les saisons, on le voyait couvert d'un chapeau indescriptible, à l'épreuve de la pluie et du soleil, parcourant le jardin, ordonnant et surveillant, ayant attaché à un des boutons de sa redingote une petite écritoire et une plume avec laquelle il inscrivait ses notes sur un grand agenda qu'il ensevelissait ensuite dans une poche immense avec les instruments de jardinage qui pouvaient lui être utiles.

Excellent homme, doué de la physionomie la plus heureuse, il répondait avec empressement à toutes les personnes qui venaient le saluer, ou qui lui demandaient des renseignements ou des conseils.

Hors du jardin et lorsqu'il avait quitté l'habit de travail, frère Jean devenait dans le monde le savant le plus aimable. Plusieurs fois j'ai eu la grande bonne fortune, de l'accompagner avec le respectable M. Leroux, doyen de la Faculté de médecine, pour aller à Colombe, passer une partie de la journée chez M. Corvisart. Là, frère Jean était aimé, recherché par les savants, par les artistes célèbres qu'on rencontrait journellement chez l'ancien premier médecin de l'empereur Napoléon. Il les amusait par ses plaisanteries d'une originalité piquante, mais toujours inoffensives, comme l'a dit un des hommes qui le connaissaient le mieux, et il fournit un jour à Carle Vernet le sujet d'un de ces petits tableaux si populaires, dans le genre du *Retour de Poissy* et de tant d'autres caricatures remplies de verve et d'esprit, en racontant toutes les peines qu'il avait à garantir contre les moineaux les semis auxquels il attachait tant d'importance. Dans ce but il avait imaginé de faire battre du tambour par un homme qui marchait au milieu de ses carrés, mais au bout de quelques jours, les voleurs s'étant habitués au bruit, venaient piller audacieusement sur les pas de celui qui devait les épouvanter. Carle Vernet traduisit en grand artiste le récit de frère Jean : il peignit l'homme battant son tambour de l'air le plus impassible, alors que les moineaux venaient voltiger autour de lui, picoter les graines derrière ses talons, et que quelques-uns poussaient l'effronterie jusqu'à se percher sur son chapeau et sur ses épaules.

Oscar Leclerc, plus âgé que Leroy de quelques années, habitait avec ses oncles MM. Thouin, qui engagèrent les deux jeunes gens à travailler ensemble. Là, Leroy fit également connaissance d'Ossian Larévellière-Lépeaux, d'Urbain Pilastre et de Paul Marchegay, fils des meilleurs amis de la patriarcale famille Thouin, et il se forma entre eux tous une amitié qui existe toujours entre les survivants, et que la mort seule a pu briser avec les autres. J'étais moi-même leur ami, j'étais admis aux soirées intimes du Jardin comme mon père l'était vingt ans auparavant ; je crois donc avoir le droit de joindre mon nom à ces noms qui me seront toujours chers.

Oscar Leclerc, en 1820, préparait le cours de M. Bosc, professeur d'horticulture, et, de plus, il était chargé de surveiller les envois de graines. Quelle source inépuisable d'étude pour Leroy qui partageait ses travaux, que l'examen de cette immense quantité de plants et de graines envoyés au jardin ou expédiés par lui dans toutes les parties du monde ! Cela lui donna de plus les moyens d'établir avec l'élite des savants, des botanistes, des pomologues, des relations scientifiques qu'il a entretenues jusqu'à ses derniers jours.

Après quelques années passées à Paris, Leroy revint à Angers prendre la direction de l'établissement paternel. que sa mère, femme aussi intelligente que courageuse et dévouée, avait continué de gérer pendant son absence, aidée par un de ses vieux jardiniers, nommé Macé, plus connu sous le nom de Printemps, type du dévouement et de la loyauté et qui pendant quarante ans a été le premier ouvrier et l'ami de la famille.

En 1808, les pépinières contenaient à peine deux hectares ; en 1820, elles avaient doublé.

Leroy voulut les agrandir encore, et il le fit dans des proportions inconnues partout ailleurs. Sa tâche n'était cependant qu'à moitié remplie. Pour assurer un prompt écoulement à ses produits, il entreprit de nombreux voyages et visita les grands établissements d'horticulture, en France, en Angleterre, en Belgique, en Hollande, en Italie et en Suisse. Il faisait ces voyages non-seulement dans un but commercial, mais surtout pour étudier l'organisation, les produits de ces établissements, et, quand il parvenait à surprendre des moyens de reproduction, d'acclimatation qu'il ne connaissait pas, il les étudiait pour les mettre en usage lui-même et en faire profiter son pays.

De plus, il puisait dans ses voyages d'heureuses inspirations pour ses travaux d'architecte-paysagiste. Pendant plus de vingt ans, en effet, il a décoré de grandes propriétés dans l'Anjou, la Vendée, le Maine, la Touraine et le Poitou. On lui doit notamment à Angers les jardins de la Préfecture (1834) et sa dernière œuvre, le charmant jardin qui précède le grand Mail (1859).

Leroy marchait toujours. Ses vastes pépinières croissant encore plus vite que les débouchés, en 1847, il conçut le projet d'établir une maison à Paris. Il était sur le point d'acheter un terrain pour y fonder une succursale, lorsqu'éclata la funeste et déplorable révolution de 1848. Tous ses projets furent immédiatement renversés et ces arbres qu'il avait produits par millions étaient menacés de se perdre, si on ne trouvait pas à s'en débarrasser. Leroy alors jeta les yeux sur l'Amérique, qui seule dans ce moment jouissait d'une tranquillité prospère. C'était un marché lointain, mais neuf, inexploité, immense, ouvert à l'audace heureuse. Leroy tenta l'entreprise et en chargea M. Baptiste

Desportes, jeune homme qu'il avait pris enfant et dont il avait fait plus tard le chef de sa comptabilité.

Il lui remit, avec toutes les instructions nécessaires, des lettres du Ministre des Affaires Étrangères pour nos consuls de l'Amérique du Nord. Dans un voyage de six mois, M. Desportes parcourut les provinces du nord-est de l'Amérique ; il visita New-York, Boston, Philadelphie, Niagara, Baltimore, le Canada, Bufalo, le centre du commerce, au confluent des grands lacs. Dès les premières années qui suivirent ce voyage, la maison Leroy envoya en Amérique plus de mille caisses d'arbres et de plantes de toutes les espèces et les commandes abondèrent tellement qu'il fallut fonder une succursale à New-York.

A partir de cette date, les pépinières prirent un développement extraordinaire.

Pour vous donner une idée de leur transformation depuis 1808 jusqu'à nos jours, il me suffira de vous donner quelques extraits du travail fait par M. Turgan pour sa belle publication intitulée : *Les grandes Usines de France*. M. Turgan, venu exprès à Angers, a tout examiné, il a reçu de Leroy les renseignements, les chiffres qu'il a publiés ; on peut donc compter sur leur complète et consciencieuse exactitude.

« Angers, dit M. Turgan, a possédé de tout temps quelques pépinières. La tradition non-seulement nous l'apprend, mais encore les habitudes et les besoins de ses habitants nous le certifient. On y aime, on y a toujours aimé les arbres, les fleurs, et surtout les fruits. Toutefois, pour y rencontrer un essai sérieux d'établissement de pépiniériste proprement dit, il faut remonter jusqu'au milieu du xviiie siècle ; et c'est le bisaïeul de M. André Leroy, Pierre Leroy, qui le tenta avec les familles Goujon, Lebreton, Delépine, et un peu plus tard celles des Retif, des Audusson, des Cerceau. »

« Lorsqu'en 1820 M. André Leroy fut appelé, malgré ses dix-neuf ans, à prendre la direction des travaux et des affaires de sa maison, ses pépinières se développaient sur 4 hectares, dont une moitié contenait des arbres fruitiers, et l'autre des conifères communs et beaucoup d'espèces forestières.

« En 1830, au lieu de ses 4 hectares, il en possédait 15 environ, et le chiffre total de ses collections pouvait alors se répartir ainsi : Arbres d'ornement (espèces et variétés), 250 ; conifères, 60 ; arbustes à fleurs, 400 ; arbres fruitiers, 360.

« Trente ouvriers suffisaient encore à cette époque pour la bonne exécution des travaux ; mais il allait bientôt falloir en employer le double, car les procédés de culture et de multiplication se développaient journellement et devenaient par leur nouveauté, une des causes qui contribuaient le plus efficacement à accroître le renom de M. André Leroy.....

« De tels efforts, coïncidant avec la paix dont on put jouir sous le règne du sage Louis-Philippe, doublèrent en dix ans les richesses, les revenus de l'établissement. En 1840, on cultivait 75 hectares, et les collections atteignaient : Arbres d'ornement (espèces et variétés), 400 ; conifères, 150 ; arbustes à fleurs, 668 ; arbres fruitiers, 670.

« Le personnel qui nécessairement avait dû suivre ce mouvement progressif, montait à cinquante jardiniers, dirigés par six contre-maîtres. En 1847, ce n'était plus 75 hectares, mais 108 ; aux cinquante ouvriers de 1840, il avait fallu en ajouter cent autres. M. Leroy dut alors renoncer à dessiner parcs et jardins, et, à son grand regret, car il aimait cette partie tout artistique de sa profession, il laissa là les plans et les crayons, les bois et les futaies, les parterres, les pelouses, les prairies, les pièces d'eau, les labyrinthes. — Il avait tracé et planté 1,200 parcs et jardins.....

« En 1859 M. André Leroy ne dirigea pas moins de 1,500 caisses d'arbres, pesant environ 600,000 kilogrammes, sur l'Amérique.

« L'année qui précéda la guerre civile, on envoya dans ce pays : Poiriers pyramides, 140,000 ; plants de pommier paradis, 300,000 ; jeunes plants de poirier franc, de semis, 1,000,000 ; plants de cognassier, 800,000 ; plants variés d'arbres résineux, 600,000 ; plants de diverses essences, 1,000,000 ; arbres de fantaisie et autres, 150,000.

« Les pépinières de M. André Leroy s'étendent aujourd'hui sur 168 hectares, dont 100 hectares de terrains argilo-sableux, 53 d'argilo-calcaire, 13 de terrains légers ou sableux, et 2 hectares de terre de bruyère : différentes natures de sol qui sont indispensables pour établir une culture générale basée sur les besoins des végétaux. De ces 168 hectares, 110 sont consacrés uniquement aux arbres fruitiers, et les 58 autres aux arbres d'ornement, aux arbustes, aux plantes de toute sorte. Une aussi grande étendue de terrain, une culture aussi variée, exige nécessairement de nombreux bras, d'intelligents et continuels travaux ; et

quoiqu'il y ait annuellement trois cents ouvriers dirigés
par vingt-six contre-maîtres pour les accomplir, c'est
à peine s'ils peuvent suffire à leur tâche quotidienne.
En dehors de ces vingt-six contre-maîtres, il en est un,
et ce n'est pas le moins surchargé, qui est affecté à la
culture des rosiers. Il dirige plus de 150,000 sujets de
toute espèce, couvrant une étendue de 3 hectares ; à
l'époque de la floraison de nombreux amateurs viennent
de France, d'Angleterre, de Belgique pour les visiter.

« Les 168 hectares de pépinières possédés actuellement par M. André Leroy ne sont pas d'un seul tenant;
ils forment différents enclos peu distants les uns des
autres, d'un large et facile accès. Celui de la maison
même contient 12 hectares, est entouré de murs, et sert
aux cultures des arbres de prix et des arbustes à fleurs.
C'est dans son enceinte qu'ont été plantées, organisées
en partie les collections fruitières, et que se fait la
multiplication des végétaux précieux. Deux serres
pour le bouturage et le greffage y occupent une surface
d'au moins 1,000 mètres carrés ; des châssis pour
garantir les jeunes plantes s'étendent sur 2,600 autres
mètres ; puis viennent les brise-vents, charmantes
lignes de thuyas, de lauriers, de genévriers, de cyprès,
courant parallèlement, et qui, taillées en charmilles,
abritent derrière leurs rameaux toujours verts les
arbustes à feuilles persistantes. Protégés par ces
brise-vents, c'est là, sur une superficie de plus de
6,000 mètres, et dans des pots couverts de sable, que
passent l'hiver, sans nul danger, oliviers, arbres à thé
(dont certains sont assez forts pour donner plusieurs
kilogrammes de feuilles), les escalonias, ceanothus, etc.;

enfin tous les végétaux de l'Algérie, de l'Espagne, du Portugal, de l'Italie, de la Chine, du Japon, de l'Himalaya et autres régions méridionales. Mais comme les vents d'ouest pourraient faire quelques victimes parmi les délicats produits défendus ainsi contre le froid, une fort belle avenue de chênes pyramidaux de 12 mètres de hauteur paralyse ces vents et ajoute encore à la beauté, à la décoration de ce magnifique jardin.

« Les plantes que M. André Leroy a réussi à acclimater en Anjou sont disposées, comme école d'étude, sur des lignes offrant jusqu'à 800 mètres de longueur ; elles se développent également dans l'enclos attenant à sa maison, et l'on y peut compter : Arbres d'alignement et d'ornement (espèces et variétés), 960 ; arbustes à feuilles persistantes, 600 ; arb. à feuilles caduques, 710 ; conifères, 400 ; arbustes de terre de bruyère, 400 ; plantes sarmenteuses ou grimpantes, 180.

« D'autres collections formées d'éléments nouveaux se préparent sans cesse.

« Quant au chiffre total qu'il convient d'affecter aux espèces fruitières, il peut être, sans exagération, porté à 2 millions d'arbres greffés, de tout âge et de toute grandeur.

« Les envois d'arbres ont lieu surtout pendant huit mois, d'octobre à la fin de mai, et nécessitent une main-d'œuvre supplémentaire et des dépenses qu'il est curieux d'énumérer ici : Cent cinquante hommes déplantent les arbres dans les pépinières, cent y remplissent les vides ainsi faits, tandis que cinquante autres sont occupés à emballer dans la cour de la maison, de la pointe du jour à la dernière heure de la

soirée, avec les minutieuses précautions indispensables
en cas pareil, les milliers de plants, d'arbres et d'arbustes que leur apportent six charretiers attachés à
l'établissement pour cette besogne et pour le transport
des terres et engrais pendant l'été. Voici à peu près ce
que coûtent ces emballages : Caisses, 15,000 fr. ;
paille, 3,000 fr. ; foin d'emballage, 2,000 fr. ; mousse,
2,500 fr. ; osier, 3,000 fr. ; ficelle, 2,500 fr.; paniers,
10,000 fr. ; perches, 1,000 fr.

« Dépenses auxquelles il faut joindre les suivantes :
Pots à fleurs, 7,000 fr. ; étiquettes en bois, 2,000 fr. ;
adresses en bois, 1,000 fr. ; terre de bruyère, 3,000 fr ;
fumier, 10,000 fr.

« Quant au transport de toutes ces caisses, de tous
ces colis à la gare d'Angers, il s'opère par les camion-
neurs du chemin de fer, et huit à douze camions
sortent journellement du chantier d'emballage emportant
chacun près de 2,000 kilogrammes. Chaque soir, c'est
donc un poids minimum de 16 à 24,000 kilogrammes
qui a été enlevé de l'établissement pour être confié aux
voies ferrées. Si nous avons donné tant de chiffres dans
le cours de cette étude, dit en finissant M. Turgan,
c'est qu'ils sont une preuve éloquente d'un mouvement
industriel encore peu connu. »

André Leroy fit connaître ses richesses horticoles
par le catalogue général descriptif et raisonné qu'il en
donna dès 1855, et qui, chaque année réimprimé en
cinq langues, français, allemand, italien, anglais et
espagnol, est envoyé à ses vingt mille correspondants.

Ce catalogue est le résumé sommaire de précieuses
notes, qu'il recueillait depuis de longues années, pour la

préparation d'une encyclopédie pomologique dont ses écoles lui fournissaient les éléments essentiels, et dont une bibliothèque spéciale, réunie à grands frais et unique sans doute en province, lui permettait de contrôler l'étude. Le premier volume en parut en 1866 sous le titre de *Dictionnaire de Pomologie, contenant l'histoire, la description, la figure des fruits anciens et des fruits modernes les plus généralement cultivés;* livre d'une science à la fois usuelle et complète, où l'auteur résume avec l'autorité de sa propre expérience les enseignéments des habiles maîtres qu'il a formés à son service, aidé, il faut le dire, pour la partie historique et le dépouillement des livres, par la collaboration de M. Bonneserre de Saint-Denis. Depuis, trois autres volumes ont été publiés; cette partie contient tout ce qui concerne les poires et les pommes; le cinquième relatif aux abricots, aux cerises et aux autres fruits à noyau, est actuellement sous presse, et ce fut un des plus grands chagrins d'André Leroy, de n'avoir pu voir achevée l'œuvre dont il laissait les derniers matériaux tout rassemblés.

André Leroy est mort le 23 juillet 1875. Il était membre de presque toutes les sociétés d'horticulture, d'industrie, de botanique, françaises ou étrangères, fondateur de la Société Industrielle d'Angers et du Comice horticole, dont les annales contiennent de lui des notices et des rapports sans nombre. Après avoir épuisé toutes les récompenses des diverses expositions, il avait été nommé chevalier de la Légion d'honneur à la suite de l'Exposition Universelle de 1855.

Au milieu de tant de prospérités, André Leroy n'a pas oublié qu'il était fils et petit-fils de jardiniers ; il a voulu vivre et mourir au centre de ses jardins, mais avec la bien juste ambition de laisser un nom célèbre dans l'histoire de l'horticulture française. Comme je l'ai déjà dit, il n'a jamais quitté la maison qu'avait habitée son père ; il s'est borné à l'embellir, en la disposant de manière à recevoir en toute saison les fleurs les plus belles et les p'us rares.

Simple dans ses habitudes, il se levait avec le soleil, se faisait rendre un compte minutieux de ce. qui avait été fait la veille, de ce qui devait être fait dans la journée, puis il parcourait ses serres, ses écoles, inspectant, ordonnant, surveillant surtout ses semis et le développement des plantes précieuses qu'il voulait acclimater et qui, plus tard, devaient faire son orgueil.

Bon et bienfaisant, Leroy distribuait autour de lui de nombreuses et intelligentes charités ; si ce n'était pas par ses mains, c'était par celles de sa femme et de ses filles, aussi bonnes que lui.

Sa conversation était vive, souvent enjouée, son érudition à toute épreuve, alors qu'il parlait de ses arbres et de ses plantes. Il accueillait avec empressement et distinction les étrangers qui venaient visiter ses cultures ; il aimait à parcourir ses jardins avec des amis, alors on le voyait souvent, tout en causant avec eux, cueillir sur son passage, des fleurs dont il composait un bouquet toujours remarquable par la science avec laquelle il savait unir et harmoniser les couleurs et les parfums.

Bien des personnes n'ont point oublié celui qu'il

remit, en 1843, à Mgr le duc de Nemours, qui traversait ses pépinières, en le priant de l'offrir à Mme la Duchesse. Aussitôt après, Leroy fut mandé à la Préfecture, et lorsqu'il salua la belle et bonne princesse, elle lui dit de la manière la plus gracieuse : « C'est donc vous, Monsieur, qui voulez faire concurrence à l'empereur du Céleste Empire ? » ; et elle eut avec lui une longue conversation sur la culture du thé, que Leroy essayait alors de faire en grand, et sur ses splendides collections.

Le lendemain, au moment du départ pour Nantes, sur le bateau à vapeur, on l'entendit demander à l'une des dames, qui l'accompagnaient : « Où est mon bouquet ? »

Tel est, Messieurs, l'ensemble de l'œuvre immense auquel André Leroy a consacré sa vie entière ; les pépinières qu'il a laissées en mourant sont, au dire des hommes experts, les plus grandes et les plus riches qu'il y ait en Europe, et même dans le monde. Leur renommée, jointe à la richesse de notre sol, à la beauté de notre climat, leur a suscité de nombreuses concurrences, et un grand nombre de pépinières, la plupart très-considérables, ont été successivement créées auprès d'elles. Au commencement de notre siècle, il y avait à Angers quatre ou cinq jardiniers pépiniéristes, et aujourd'hui il y en a plus de soixante, sans compter ceux qui habitent les communes environnantes. C'est par millions qu'il faut compter ce que rapporte chaque année à notre Anjou, cette industrie si magnifiquement développée par André Leroy.

Son nom doit donc être conservé avec honneur dans le souvenir de notre pays, et c'est avec une bien vive émotion que j'adresse ici mes dernières paroles à celui qui pendant plus d'un demi-siècle, me fut uni par une si douce et si confiante amitié!